GOLDMANNS GELBE TASCHENBÜCHER
Band 2848

Prof. Dr. med. Rolf Erich Dohrmann
unter Mitarbeit von Elisabeth Pulz

Kochrezepte für Leber- und Gallenkranke

Im vorliegenden Büchlein ist neben einer tabellarischen Zusammenstellung der für Leber- und Gallenkranke erlaubten Nahrungsmittel und deren kalorischen Nährwertes ein über vier Wochen sich erstreckender Tagesdiätplan aufgestellt. Die hierbei gewährleistete tägliche Kalorienzufuhr beträgt etwa 2400 Kalorien, was im Regelfall zur Aufrechterhaltung der körperlichen Leistungsfähigkeit ausreichend ist. Es bleibt dem Einzelfall überlassen, ob diese Quantität zu steigern oder zu mindern ist.

Der vorliegende Monatsdiätplan, der auch als Beispiel für eine in größeren Zeiträumen planende Diätküche dienlich sein kann, ermöglicht eine relativ große Abwechslung in der häuslichen Küche. Unter Berücksichtigung der Austauschmöglichkeiten der einzelnen Tagesmahlzeiten untereinander wird das Spektrum der möglichen Tagespläne noch umfassender, so daß keine Eintönigkeit in der Speisenfolge mehr zu bestehen braucht. Zusätzlich aufgeführte Kochrezepte gewährleisten eine schmackhafte Zubereitung nicht allgemein bekannter Gerichte.

Insgesamt dürfte mit dem vorliegenden Ratgeber dem Leber- und Gallenkranken selbst sowie der mit der praktischen Durchführung dieser Versorgungsaufgabe beanspruchten Hausfrau eine Hilfe gegeben sein, die eine gewisse Freude an den Mahlzeiten und damit auch eine positive Lebenseinstellung ermöglichen soll.

Prof. Dr. med. Rolf Erich Dohrmann ist Chefarzt der inneren Abteilung am Evangelischen Waldkrankenhaus Berlin-Spandau.
Elisabeth Pulz ist Diätschwester am Evangelischen Waldkrankenhaus Berlin-Spandau.

PROF. DR. MED. ROLF ERICH DOHRMANN
unter Mitarbeit von
ELISABETH PULZ

Kochrezepte für Leber- und Gallenkranke

48 Diättagespläne
60 Rezepte
mit Kalorienwert-Tabelle

WILHELM GOLDMANN VERLAG
MÜNCHEN

7024 · Made in Germany ·
Umschlagentwurf: Ilsegard Reiner. Foto: Piepenstock. Gesetzt aus der Linotype-Garamond-Antiqua. Druck: Presse-Druck Augsburg. Verlagsnummer: 2848 Pa/ell.

ISBN 3-442-02848-5

Inhalt

Vorwort

Das vorliegende Buch soll dem leber- und gallenkranken Patienten Ratgeber für die bei diesen Leiden so wichtige Diät sein. Aufgrund langjähriger klinischer und poliklinischer Erfahrungen muß gefolgert werden, daß trotz der für die Therapie dieser Krankheiten so wichtigen Diät den Patienten diesbezügliche Informationen nur orientierend gegeben werden. Dieses ist z. T. bedingt durch die im Regelfall zu geringe Zeit, die bei einem Beratungs- oder Abschlußgespräch zwischen Patient und Arzt zur Verfügung steht; zum anderen ist der Arzt selbst in praktischen Diätfragen überfordert, dem Patienten erschöpfende Informationen über die Aufstellung eines küchengerechten und zumutbaren Diätplanes geben zu können.

So wird auch heute noch, sowohl im Krankenhaus wie auch in der Praxis, von Ausnahmen abgesehen, dem Leberkranken neben strenger Alkoholkarenz global eine vorwiegend eiweißreiche Kost empfohlen. Der hieraus resultierende Diätplan erschöpft sich zum Leidwesen der Betroffenen, und als Kuriosität hinreichend bekannt, in einer Palette mehr oder minder zumutbarer Quarkgerichte, da bekannterweise die heutigen Preise eine überwiegend fleischhaltige Kost unmöglich machen.

Ähnlich verhält es sich mit diätetischen Richtlinien für Gallenkranke. Auch hierbei erschöpft sich die Empfehlung in der Meidung von gebratenen Speisen, schwerverdaulichen Gemüsen und Hülsenfrüchten. – Wie hilf-

los die bürgerliche Küche diesen Ratschlägen häufig gegenübersteht und wie monoton der Speiseplan dementsprechend ausfällt, ist hinreichend bekannt. Dadurch ist es verständlich, daß eine Vielzahl von Leber- und Gallenkranken durch einseitig ausgeführte diätetische Restriktionen zu hypochondrisch gefärbten »Diätneurotikern« werden, wodurch die Leistungsfähigkeit wie auch die Lebenseinstellung bei dem ohnehin belastenden Grundleiden weiter ungünstig beeinflußt wird.
In diesem Rezeptband ist neben einer tabellarischen Zusammenstellung der für Leber- und Gallenkranke erlaubten Nahrungsmittel und deren kalorischen Nährwerte ein über 7 Wochen sich erstreckender Tagesdiätplan aufgestellt. Die hierfür gewährleistete tägliche Kalorienzufuhr beträgt etwa 2400 Kalorien, was im Regelfall zur Aufrechterhaltung der körperlichen Leistungsfähigkeit ausreichend ist. Im Einzelfall kann eine Steigerung oder Minderung vorgenommen werden.
Der vorliegende Monatsdiätplan, der auch als Beispiel für eine in größeren Zeiträumen planende Diätküche dienlich sein kann, ermöglicht eine relativ große Abwechslung in der häuslichen Küche. Unter Berücksichtigung der Austauschmöglichkeiten der einzelnen Tagesmahlzeiten untereinander wird das Spektrum der möglichen Tagespläne noch umfassender, so daß keine Eintönigkeit in der Speisenfolge mehr zu bestehen braucht. Zusätzlich aufgeführte Kochrezepte gewährleisten eine schmackhafte Zubereitung nicht allgemein bekannter Gerichte.

Erlaubte Nahrungsmittel für Leber- und Gallenkranke

Brot:	Weißbrot, Zwieback, Knäckebrot, altbackenes Graubrot, Grahambrot.
Käse:	Magerquark, Schichtkäse, Magerkäse, Harzer, Thüringer, Spitzkäse, wenig Camembert, Edamer, Emmentaler und Goudakäse.
Milch:	alle Milcherzeugnisse.
Fleisch:	Kalbsleberwurst, Mortadella, Hähnchen, Putenbrust, gekochter Schinken, Lachsschinken, Kalbfleischwürstchen, mageres Rind- und Kalbfleisch, Aufschnitt vom gegrillten Rind- und Kalbfleisch.
Teigwaren:	alle.
Gemüse:	Möhren, Spargel, Kaiserschoten, zarte grüne Bohnen, junge Kohlrabi, Blumenkohl, Rote Beete, Schwarzwurzeln, Gurken (gekocht), Tomaten, grüner Salat, Chicorée, Fenchel, Kresse, Spinat.
Obst:	Apfelsinen, Mandarinen, Bananen, Erdbeeren, Himbeeren, Brombeeren, Pfirsiche und Birnen (gekocht), Apfel (roh), Apfelkompott, Pampelmusen.

Marmelade:	alle Marmeladen und Geleesorten, Kunsthonig und Bienenhonig, Traubenzucker und Rübenzucker.
Fette:	Butter, pflanzliche Fette (Margarine), Olivenöl, Sonnenblumenöl.
Fisch:	Zander, Hecht, Barsch, Schlei, Schellfisch, Kabeljau, Seelachs.
Gewürze:	Petersilie, Liebstöckl, Pimpernelle, Salz, Estragon, Kresse, Dill.
Kartoffeln:	gekocht oder gedämpft oder Kartoffelbrei.
Eier:	weich gekocht oder Rührei.
Gebäck:	Sandkuchen, Zuckerkuchen, Obstkuchen, Sandplätzchen.
Getränke:	Mineralwasser, schwarzer Tee, Bohnenkaffee bedingt erlaubt, Fruchtsäfte, Fruchttee, Pfefferminze, Vollmilchschokolade.

Kalorischer Nährwert von Grundnahrungsmitteln

100 g enthalten	Kalorien
Kuhmilch	68 – 74
Buttermilch	36
Sauermilch	64
Joghurt	73
Schichtkäse 10%	212
Magerkäse	201
Quark (frisch) aus abgerahmter Milch	88,3
1 Hühnerei	167
Brot:	
Roggenbrot	239
Weizenmischbrot	243
Weißbrot	241
Grahambrot	250
Knäckebrot	345
Zwieback	290
Fette:	
Butter	755
Margarine	733
Pflanzenbutter	804
Olivenöl	927
Fleisch und Fleischwaren (Rohgericht):	
Herz vom Kalb	129
Herz vom Rind	133

100 g enthalten	Kalorien
Zunge vom Kalb	134
Zunge vom Rind	233
Rindfleisch (mager)	213
Kalbfleisch (mager)	142
Huhn (135 g)	144
Wiener Würstchen	264
Mortadella	367
Fisch:	
magere Fische	ca. 80 – 100
Obst (frisch):	
Äpfel	52
Birnen	59
Pfirsiche	46
Ananas	52
Apfelsine	54
Banane	90
Pampelmuse	32
Mandarine	44
Erdbeeren	39
Himbeeren	40
Melone	30
Zucker:	
Kochzucker	394
Traubenzucker	405
Milchzucker	408
Rohrzucker	405
Honig	305
Kunsthonig	301

48 Diättagespläne

Diättagesplan 1

tägliche Kalorienmenge	2200–2400
tägliche Eiweißzufuhr	ca. 70 g
tägliche Fettzufuhr mit Kochfett	ca. 50 g

Frühstück	Kalorien
1/4 l Milch	150
40 g Weißbrot	111
40 g Graubrot	100
15 g Butter	113
20 g Marmelade	ca. 50
125 g Quark	110

Mittagessen	
100 g gekochter Schinken	282
holländische Soße, 20 g Mehl, 10 g Margarine	ca. 90
250 g Kartoffeln (roh)	192
Blumenkohl	ca. 50
Buttermilchspeise	ca. 50

Nachmittag	
5 Zwiebäcke	180
10 g Butter	75
40 g Bienenhonig	120
schwarzer Tee	

Abendessen	Kalorien
2 Scheiben Knäckebrot	
40 g Graubrot	100
15 g Butter	113
30 g Kalbsleberwurst	ca. 109
20 g Edamer Käse	ca. 48
grüner Salat	
deutscher Tee	

täglich:	
2–3 Stück Obst	200
ca. 60 g Zucker	200

Diättagesplan 2

Frühstück
3 Zwiebäcke
40 g Graubrot
15 g Butter
1 Ei
20 g Bienenhonig
schwarzer Tee

Mittagessen
1/2 Pampelmuse
Nudeleintopf (Nudeln 40 g) mit Rindfleisch (100 g)
etwas Gemüse
Grießpudding mit Saft oder Früchten

Nachmittag
1 Brötchen
10 g Butter
20 g Marmelade
1/4 l Milch

Abendessen
80 g Graubrot
15 g Butter
50 g Bierschinken
Quarkspeise mit Früchten
1/2 Pampelmuse
2 Stück Obst

Diättagesplan 3

Frühstück
1 Brötchen
40 g Graubrot
15 g Butter
150 g Quark
20 g Marmelade
1/4 l Milch

Mittagessen
Kalbsfrikassee (150 g Kalbfleisch, s. Rezept)
Spargel
10 g Margarine
50 g Reis
rote Grütze von frischem Obst (s. Rezept)
mit Grieß oder Sago
Vanillesoße

Nachmittag
Sandkuchen
schwarzer Tee

Abendessen
50 g Graubrot
3 Knäckebrotscheiben
15 g Butter
30 g Kräuterkäse
30 g Mortadella
Obst

Diättagesplan 4

Frühstück
80 g Graubrot
15 g Butter
20 g Marmelade
150 g Quark
1/4 l Milch

Mittagessen
Spinat, 1 Ei
10 g Butter
Kartoffeln
Vanilleäpfel (s. Rezept)

Nachmittag
Buttermilchplätzchen (s. Rezept)
schwarzer Tee

Abendessen
50 g Grahambrot
15 g Butter
60 g Harzer Käse
Nudel- oder Spaghettisalat
mit Mortadella (s. Rezept)
oder Kalbfleisch
etwas Gemüse
und 5 g Öl
1 Stück Obst

Diättagesplan 5

Frühstück
50 g Haferflockensuppe
(1/4 l Milch und 1/4 l Wasser)
1 Brötchen
15 g Butter
20 g Bienenhonig
schwarzer Tee

Mittagessen
200 g Schellfisch mit Kräutersoße
10 g Margarine
grüner Salat
Kartoffeln
1 Joghurt

Nachmittag
50 g Weißbrot
10 g Butter
20 g Marmelade
1/4 l Milch

Abendessen
80 g Graubrot
15 g Butter
40 g Lachsschinken
80 g Kalbfleischwürstchen
Quarkspeise mit Obst

Diättagesplan 6

Frühstück

40 g Weißbrot
40 g Graubrot
15 g Butter
125 g Quark
1/4 l Milch

Mittagessen

Möhreneintopf
mit 125 g Rindfleisch
und Kartoffelstückchen
Götterspeise mit Vanillesoße

Nachmittag

5 Zwiebäcke
10 g Butter
deutscher Tee

Abendessen

50 g Grahambrot
2 Scheiben Knäckebrot
15 g Butter
40 g Bierschinken
30 g Käse
1 Joghurt
2 Stück Obst

Diättagesplan 7

Frühstück
40 g Weißbrot
40 g Graubrot
15 g Butter
20 g Bienenhonig
1 Ei
1/4 l Milch

Mittagessen
125 g Kalbfleischbraten
10 g Margarine
Kartoffeln
Karotten und Kaiserschoten
frisches Obst

Nachmittag
Obstkuchen
schwarzer Tee

Abendessen
50 g Grahambrot
30 g Graubrot
15 g Butter
100 g Quark mit Kräutern (Petersilie)
50 g gekochter Schinken
Apfel in Fruchtgelee

Diättagesplan 8

Frühstück
80 g Graubrot
15 g Butter
20 g Marmelade
¹/₄ l Milch
1 Stück Obst

Mittagessen
Reiseintopf (Reis 40 g)
mit Gemüse und
mageres Rindfleisch (100 g)
Quarkspeise

Nachmittag
1 Brötchen
10 g Butter
schwarzer Tee

Abendessen
80 g Graubrot
15 g Butter
100 g Kalbfleischbraten
30 g Käse
grüner Salat
1 Stück Obst

Diättagesplan 9

Frühstück

50 g Weißbrot
3 Scheiben Knäckebrot
15 g Butter
125 g Quark
20 g Bienenhonig
1/4 l Milch

Mittagessen

Hühnerfrikassee (200 g Hühnerbrust)
mit Spargel oder Blumenkohl
10 g Fett
50 g Reis
Götterspeise mit Vanillesoße

Nachmittag

1 Brötchen
10 g Butter
25 g Marmelade
schwarzer Tee

Abendessen

80 g Graubrot
15 g Butter
30 g Käse
40 g Kalbsleberwurst
2 Stück Obst

Diättagesplan 10

Frühstück

50 g Grahambrot
3 Zwiebäcke
15 g Butter
20 g Marmelade
125 g Quark
deutscher Tee

Mittagessen

Gemüsesuppe (s. Rezept)
mit 100 g Fleisch
Reisbrei (1/4 l Milch und 40 g Reis)
Apfelmus

Nachmittag

Gebäck (s. Rezept)
schwarzer Tee

Abendessen

80 g Graubrot
15 g Butter
50 g Schabefleisch
mit 1 Ei
50 g Harzer Käse
2 Stück Obst

Diättagesplan 11

Frühstück
50 g Brot
etwas Gebäck (s. Rezept)
15 g Butter
20 g Marmelade oder Honig
1/4 l Milch

Mittagessen
Gulasch von 75 g Kalb- und 75 g Rindfleisch
mit 10 g Fett (s. Rezept)
Kartoffeln
Schwarzwurzeln
Joghurt

Nachmittag
50 g Weißbrot
10 g Butter
50 g Gelee

Abendessen
80 g Graubrot
15 g Butter
50 g Geflügelmosaik
30 g Käse
Quarkspeise
1 Stück Obst

Diättagesplan 12

Frühstück

50 g Graubrot
3 Scheiben Knäckebrot
15 g Butter
125 g Quark
30 g Gelee
schwarzer Tee

Mittagessen

Schlei (250 g; s. Rezept)
mit Dillsoße (10 g Fett)
Kartoffeln
grüner Salat
Vanillepudding mit Schokoladensoße

Nachmittag

Gebäck (s. Rezept)
$^1/_4$ l Milch

Abendessen

80 g Graubrot
15 g Butter
30 g Teewurst
30 g Käse
2 Stück Obst

Diättagesplan 13

Frühstück
30 g Graubrot
50 g Grahambrot
20 g Butter
30 g Marmelade
1/4 l Milch
2 Stück Obst

Mittagessen
Kartoffelsuppe
1 Paar Kalbfleischwürstchen (100 g)
Quarkspeise

Nachmittag
Gebäck
schwarzer Tee

Abendessen
50 g Graubrot
3 Scheiben Knäckebrot
20 g Butter
30 g Kalbsleberwurst
Vanillesuppe mit Schneeklößchen

Diättagesplan 14

Frühstück
80 g Graubrot
15 g Butter
1 Ei
50 g Gelee
schwarzer Tee

Mittagessen
125 g Putenrolle gedünstet (s. Rezept)
grüne Bohnen
10 g Fett
Kartoffeln
Kompott

Nachmittag
Gebäck
$^1/_4$ l Milch

Abendessen
80 g Graubrot
15 g Butter
30 g Käse
40 g Lachsschinken
1 Stück Obst
grüner Salat

Diättagesplan 15

Frühstück
40 g Weißbrot
40 g Graubrot
20 g Butter
20 g Bienenhonig
125 g Quark
1/4 l Milch

Mittagessen
Bandnudeleintopf
mit Huhn und Gemüse
(200 g Huhn, 40 g Nudeln)
rote Apfelmusspeise (s. Rezept)

Nachmittag
1 Brötchen
10 g Butter
30 g Gelee

Abendessen
80 g Graubrot
10 g Butter
50 g Schabefleisch
30 g Käse
Obstsalat (s. Rezept)

Diättagesplan 16

Frühstück
80 g Graubrot
15 g Butter
125 g Quark
20 g Marmelade
1/4 l Milch

Mittagessen
Königsberger Klopse (s. Rezept)
10 g Fett
Kartoffeln
Möhrenrohkost auf grünem Salat
Zitronencreme (s. Rezept)

Nachmittag
5 Zwiebäcke
10 g Butter
30 g Gelee
1/4 l Milch

Abendessen
40 g Graubrot
1 Brötchen
15 g Butter
1 Paar Kalbfleischwürstchen (100 g)
Spaghettisalat (s. Rezept)
2 Stück Obst

Diättagesplan 17

Frühstück

80 g Graubrot
15 g Butter
150 g Quark
20 g Marmelade
$^1/_4$ l Milch

Mittagessen

125 g Kalbsschnitzel gedünstet
10 g Fett
junge Karotten
Kartoffelbrei
Bananenspeise (s. Rezept)

Nachmittag

1 Brötchen
10 g Butter
30 g Gelee
schwarzer Tee

Abendessen

80 g Graubrot
15 g Butter
Grießbrei mit Erdbeerkompott
60 g Käse
2 Stück Obst

Diättagesplan 18

Frühstück

1 Brötchen
40 g Graubrot
20 g Butter
20 g Bienenhonig
150 g Quark
1/4 l Milch

Mittagessen

Fischfrikassee (200 g Fisch)
mit gedünstetem Gemüse
(s. Rezept)
50 g Reis
10 g Fett
Geleespeise mit Vanillesoße (s. Rezept)

Nachmittag

Gebäck
schwarzer Tee

Abendessen

80 g Graubrot
10 g Butter
60 g Kalbfleischsülze (s. Rezept)
30 g Käse
grüner Salat
2 Stück Obst

Diättagesplan 19

Frühstück

1 Brötchen
40 g Graubrot
10 g Butter
150 g Quark
20 g Marmelade
$^1/_4$ l Milch

Mittagessen

125 g gekochtes Rindfleisch
Blumenkohl mit holländischer Soße
10 g Fett
Kompott

Nachmittag

50 g Weißbrot
10 g Butter
20 g Bienenhonig
deutscher Tee

Abendessen

80 g Graubrot
10 g Butter
Apfel-Möhren-Rohkost (s. Rezept)
50 g Teewurst
30 g Käse
2 Stück Obst

Diättagesplan 20

Frühstück
80 g Graubrot
20 g Butter
30 g Gelee
1 Stück Obst
1/4 l Milch

Mittagessen
Leberklößchen (s. Rezept)
Kartoffeln
grüner Salat
falsches Spiegelei (s. Rezept)

Nachmittag
1 Brötchen
15 g Butter
20 g Marmelade

Abendessen
40 g Graubrot
15 g Butter
Kartoffelsuppe
mit 1 Paar Wiener Würstchen (120 g)
Apfelsinenquark (s. Rezept)
1 Stück Obst

Diättagesplan 21

Frühstück
40 g Weißbrot
40 g Graubrot
20 g Butter
1 Ei
30 g Gelee
schwarzer Tee

Mittagessen
Hühnerbrust (ca. 150 g) gedünstet
mit Stangenspargel
10 g Butter
Kartoffeln
Apfelkompott

Nachmittag
Gebäck
schwarzer Tee

Abendessen
80 g Graubrot
20 g Butter
Zunge in Aspik
30 g Käse
Quark mit Obst

Diättagesplan 22

Frühstück

80 g Graubrot
50 g Bienenhonig
150 g Quark
10 g Butter
1/4 l Milch

Mittagessen

Schinkenspaghetti mit Tomatengemüse
(100 g gekochter Schinken
50 g Spaghetti mit 10 g Margarine)
grüner Salat
Kompott

Nachmittag

1 Brötchen
10 g Butter
30 g Gelee
schwarzer Tee

Abendessen

80 g Graubrot
15 g Butter
1 Rührei mit Petersilie
5 g Margarine
Rohkostsalat (s. Rezept)
30 g Käse
1 Stück Obst

Diättagesplan 23

Frühstück

1 Brötchen
40 g Graubrot
15 g Butter
20 g Marmelade
125 g Quark
1/4 l Milch

Mittagessen

Schwarzwurzelgemüse
mit Fleischbällchen (s. Rezept)
10 g Margarine
Kartoffelbrei
Tutti-frutti (s. Rezept)

Nachmittag

5 Zwiebäcke
10 g Butter
1/4 l Milch

Abendessen

80 g Graubrot
15 g Butter
Fischröllchen in Aspik (s. Rezept)
30 g Käse
2 Stück Obst

Diättagesplan 24

Frühstück
80 g Graubrot
10 g Butter
1 Ei
20 g Bienenhonig
1/4 l Milch

Mittagessen
Kohlrabi(= Oberrüben)eintopf
mit Rindfleisch (100 g)
Grießklöße (s. Rezept)
mit Mischkompott

Nachmittag
1 Brötchen
15 g Butter
30 g Gelee
deutscher Tee

Abendessen
80 g Graubrot
20 g Butter
Tomatenquark
50 g Geflügelgutswurst
2 Stück Obst

Diättagesplan 25

Frühstück

1 Brötchen
40 g Graubrot
15 g Butter
150 g Quark
20 g Marmelade
$^{1}/_{4}$ l Milch

Mittagessen

Kalbsroulade (s. Rezept)
zarte grüne Bohnen
10 g Butter
Kartoffeln
Quarkgelee (s. Rezept)

Nachmittag

4 Scheiben Knäckebrot
15 g Butter
schwarzer Tee

Abendessen

40 g Graubrot
10 g Butter
50 g Schabefleisch
Obstsuppe mit Grießwürfeln (s. Rezept)

Diättagesplan 26

Frühstück

80 g Graubrot
15 g Butter
150 g Quark
20 g Bienenhonig
1/4 l Milch

Mittagessen

Forelle (ca. 250 g)
10 g Butter
Kartoffeln
Rohkostsalat (s. Rezept)
1 Joghurt

Nachmittag

1 Brötchen
10 g Butter
30 g Gelee
schwarzer Tee

Abendessen

80 g Brot
15 g Butter
80 g Kalbsbraten
30 g Käse
Reisobstsalat (s. Rezept)
1 Stück Obst

Diättagesplan 27

Frühstück

3 Scheiben Knäckebrot
40 g Weißbrot
15 g Butter
150 g Quark
deutscher Tee

Mittagessen

Herz-Zungen-Frikassee (s. Rezept)
50 g Reis
10 g Margarine
grüner Salat
Schokoladenbanane (s. Rezept)

Nachmittag

1 Brötchen
10 g Butter
20 g Marmelade
1/4 l Milch

Abendessen

80 g Graubrot
10 g Butter
30 g Teewurst
40 g Mosaikwurst
Gemüsesalat (s. Rezept)
1 Stück Obst

Diättagesplan 28

Frühstück

40 g Graubrot
40 g Weißbrot
20 g Butter
150 g Quark
1/4 l Milch

Mittagessen

gefüllte Gurken (s. Rezept)
10 g Margarine
Kartoffelbrei
Vanillespeise

Nachmittag

Gebäck
schwarzer Tee

Abendessen

80 g Graubrot
20 g Butter
40 g Mortadella
100 g Weißkäse
Chicoréesalat mit Obst (s. Rezept)

Diättagesplan 29

Frühstück

3 Zwiebäcke
40 g Graubrot
2 Scheiben Knäckebrot
10 g Butter
150 g Quark
30 g Gelee
$^{1}/_{4}$ l Milch

Mittagessen

Zunge (ca. 150 g) in holländischer Soße
10 g Margarine
Blumenkohl mit 10 g Butter
Kartoffeln
Waldmeisterspeise mit Vanillesoße

Nachmittag

1 Stück Obstkuchen
schwarzer Tee

Abendessen

80 g Graubrot
15 g Butter
40 g Aufschnitt (Kalbfleischbraten)
40 g Camembert
deutscher Tee
2 Stück Obst

Diättagesplan 30

Frühstück
40 g Weißbrot
40 g Graubrot
15 g Butter
20 g Bienenhonig
1 Ei
schwarzer Tee

Mittagessen
1 Tasse Hühnerbrühe
gefüllte Taube (s. Rezept)
Mischgemüse mit 10 g Butter
Reis
1 Stück Obst

Nachmittag
1 Brötchen
30 g Gelee
5 g Butter
1/4 l Milch

Abendessen
80 g Graubrot
10 g Butter
30 g Teewurst
40 g Harzer Käse
1/4 l Buttermilch
Quarkspeise mit Früchten

Diättagesplan 31

Frühstück

1 Brötchen
30 g Graubrot
15 g Butter
200 g Quark
40 g Marmelade
1/4 l Milch

Mittagessen

frischer Gemüseeintopf
mit Rindfleisch (s. Rezept)
Kartoffeln und Petersilie
Apfelauflauf (s. Rezept)

Nachmittag

40 g Weißbrot
10 g Butter
30 g Gelee
schwarzer Tee

Abendessen

80 g Graubrot
15 g Butter
40 g Mortadella
30 g Käse
Obstsalat

Diättagesplan 32

Frühstück
80 g Graubrot
15 g Butter
150 g Quark
40 g Marmelade
1/4 l Milch

Mittagessen
Kalbsteak (150 g)
mit zarten grünen Bohnen
20 g Butter
Kartoffeln
1 Joghurt

Nachmittag
Gebäck
schwarzer Tee

Abendessen
Apfelreis
25 g Graubrot
5 g Butter
30 g Käse
2 Stück Obst

Diättagesplan 33

Frühstück
80 g Graubrot
20 g Butter
40 g Käse
30 g Gelee
schwarzer Tee

Mittagessen
Kalbsbrühe (100 g Knochen) mit Sternchennudeln
Quark mit Milch angerührt
und Kräutern
Kartoffeln
Schokoladenbanane (s. Rezept)

Nachmittag
1 Brötchen
10 g Butter
30 g Bienenhonig
$^1/_4$ l Milch

Abendessen
80 g Graubrot
10 g Butter
Wurstsalat (s. Rezept)
1 Apfel
Saft einer Pampelmuse

Diättagesplan 34

Frühstück

60 g Graubrot
4 Zwiebäcke
15 g Butter
40 g Marmelade
200 g Quark
schwarzer Tee

Mittagessen

Lebergulasch (s. Rezept)
10 g Butter
Kartoffelbrei
grüner Salat
1 Stück Obst

Nachmittag

Sandkuchen
schwarzer Tee

Abendessen

80 g Graubrot
15 g Butter
40 g Bierschinken
40 g Käse
Gemüsesalat
Apfeltee (s. Rezept)
1 Stück Obst

Diättagesplan 35

Frühstück
40 g Weißbrot
40 g Grahambrot
15 g Butter
40 g Bienenhonig
1/4 l Milch

Mittagessen
Kartoffelsuppe
mit Kalbfleischklößchen (s. Rezept Königsberger Klopse [Fleischteig])
5 g Margarine
Vanillepudding mit Schokoladensoße

Nachmittag
1 Brötchen
5 g Butter
30 g Gelee
schwarzer Tee

Abendessen
50 g Graubrot
15 g Butter
40 g gekochter Schinken
Quarkauflauf (s. Rezept)
1 Stück Obst

Diättagesplan 36

Frühstück

60 g Graubrot
3 Scheiben Knäckebrot
15 g Butter
150 g Quark
40 g Marmelade
1/4 l Milch

Mittagessen

Bechamelkartoffeln (s. Rezept)
10 g Butter
40 g Leberkäse
Rote-Beete-Salat (s. Rezept)
Erdbeeren mit Vanillesoße

Nachmittag

1 Stück Apfelkuchen (s. Rezept)
schwarzer Tee

Abendessen

80 g Graubrot
15 g Butter
40 g Lachsschinken
40 g Kräuterkäse
Hagebuttentee
2 Stück Obst

Diättagesplan 37

Frühstück
40 g Graubrot
1 Brötchen
15 g Butter
1 Ei
40 g Gelee
schwarzer Tee

Mittagessen
Zander (ca. 250 g) mit Petersiliensoße
10 g Butter
Kartoffelschnee
grüner Salat
Quarkspeise

Nachmittag
40 g Weißbrot
10 g Butter
30 g Bienenhonig
deutscher Tee

Abendessen
Grießbrei
40 g Graubrot
5 g Butter
40 g Kalbsleberwurst
Saft einer Apfelsine
1 Stück Obst

Diättagesplan 38

Frühstück

40 g Graubrot
30 g Grahambrot
15 g Butter
150 g Quark
40 g Marmelade
1/4 l Milch

Mittagessen

Sauerbraten (s. Rezept)
10 g Butter
Kartoffelklöße (nur von gekochten Kartoffeln)
Apfelmus

Nachmittag

Gebäck
schwarzer Tee

Abendessen

80 g Graubrot
10 g Butter
1 Rührei (5 g Butter)
1 Tomate
40 g Käse
1/4 l Buttermilch
2 Stück Obst

Diättagesplan 39

Frühstück

40 g Graubrot
40 g Kuchenbrot
20 g Butter
150 g Quark
40 g Gelee
1/4 l Milch

Mittagessen

Grüne-Bohnen-Eintopf
mit Rindfleisch (100 g)
Mondaminflammeri mit Himbeerkompott

Nachmittag

1 Stück Apfelkuchen
schwarzer Tee

Abendessen

80 g Graubrot
20 g Butter
40 g Rinderbraten
40 g Käse
Apfeltee
2 Stück Obst

Diättagesplan 40

Frühstück

1 Brötchen
40 g Graubrot
15 g Butter
40 g Marmelade
1/4 l Milch

Mittagessen

150 g Kalbsnieren
10 g Butter
Kartoffelbrei
Möhrensalat
Früchtejoghurt

Nachmittag

Buttermilchplätzchen (s. Rezept)
schwarzer Tee

Abendessen

80 g Graubrot
15 g Butter
40 g Geflügelgutswurst
30 g Zunge
deutscher Tee
2 Stück Obst

Diättagesplan 41

Frühstück

80 g Graubrot
15 g Butter
200 g Quark
1 Ei
30 g Gelee
1/4 l Milch

Mittagessen

Gemüsesuppe (10 g Butter)
Fischroulade (s. Rezept)
Reis
Tomatensoße
Blaubeerkompott

Nachmittag

1 Stück Obstkuchen
schwarzer Tee

Abendessen

40 g Graubrot
30 g Grahambrot
15 g Butter
40 g Kalbfleischbraten
50 g Käse
1/4 l Milch

Diättagesplan 42

Frühstück

1 Brötchen
40 g Graubrot
15 g Butter
30 g Mortadella
40 g Marmelade
$^1/_4$ l Milch

Mittagessen

verlorene Eier (s. Rezept)
mit holländischer Soße
10 g Butter
Kartoffelbrei
grüner Salat
Fruchtgelee

Nachmittag

Teegebäck
schwarzer Tee

Abendessen

80 g Graubrot
15 g Butter
40 g Corned beef
40 g Lachsschinken
Quarkspeise mit Früchten
Apfeltee

Diättagesplan 43

Frühstück
40 g Graubrot
4 Scheiben Knäckebrot
15 g Butter
150 g Quark
40 g Marmelade
1/4 l Milch

Mittagessen
Rührei mit Schinken
20 g Butter
Bandnudeln
Apfel-Möhren-Salat
1 Stück Obst

Nachmittag
Gebäck
schwarzer Tee

Abendessen
Milchreis mit Mischkompott
40 g Graubrot
5 g Butter
40 g Kalbsleberwurst
deutscher Tee
1 Stück Obst

Diättagesplan 44

Frühstück

80 g Graubrot
15 g Butter
40 g Gelee
150 g Quark
1/4 l Milch

Mittagessen

Gurkengemüse (s. Rezept)
10 g Butter
falscher Hase (s. Rezept Königsberger Klops [Fleischteig, nur gedünstet])
Kartoffeln
Melonensalat (s. Rezept)

Nachmittag

1 Stück Sandkuchen
schwarzer Tee

Abendessen

40 g Weißbrot
40 g Graubrot
15 g Butter
Nudelsalat mit Kalbfleisch (s. Rezept)
20 g Käse
2 Stück Obst
deutscher Tee

Diättagesplan 45

Frühstück

1 Brötchen
40 g Graubrot
15 g Butter
40 g Bienenhonig
1 Ei
$^1/_4$ l Milch

Mittagessen

gefüllte Tomaten (s. Rezept)
10 g Margarine
Kartoffelbrei
grüner Salat
Grießflammeri mit Früchten

Nachmittag

Gebäck
deutscher Tee

Abendessen

80 g Graubrot
15 g Butter
Quark mit Kräutern
40 g gekochter Schinken
Apfeltee
1 Stück Obst

Diättagesplan 46

Frühstück
40 g Graubrot
40 g Rosinenbrot
15 g Butter
1 Ei
40 g Marmelade
1/4 l Milch

Mittagessen
1 Tasse klare Hühnerbrühe
1 Paar Kalbfleischbratwürstchen (120 g)
junge Kohlrabi
10 g Butter
Kartoffeln
Quarkcreme mit Erdbeerkompott

Nachmittag
1 Stück Apfelkuchen
schwarzer Tee

Abendessen
80 g Graubrot
15 g Butter
40 g Schabefleisch
40 g Spitzkäse
1/4 l Buttermilch
1 Stück Obst

Diättagesplan 47

Frühstück

80 g Graubrot
15 g Butter
150 g Quark
40 g Bienenhonig
schwarzer Tee

Mittagessen

150 g Rinderfilet
10 g Margarine
Kartoffeln
Kaiserschoten und
zarte grüne Bohnen
10 g Butter
Fruchtgelee

Nachmittag

Gebäck
deutscher Tee

Abendessen

Reissalat
mit gekochtem Schinken (50 g)
und Tomaten
30 g Graubrot
5 g Butter
1/4 l Buttermilch
2 Stück Obst

Diättagesplan 48

Frühstück

1 Brötchen
40 g Graubrot
15 g Butter
40 g Gelee
150 g Quark
$^1/_4$ l Milch

Mittagessen

Fruchtsuppe mit Grießklößchen (s. Rezept)
Kartoffelbrei mit Hackfleischsoße (s. Rezept)

Nachmittag

4 Zwiebäcke
10 g Butter
30 g Bienenhonig
schwarzer Tee

Abendessen

80 g Graubrot
15 g Butter
40 g Kalbsschinkenwurst
40 g Käse
2 Stück Obst
Hagebuttentee

60 Rezepte
(für 1 Person)

Frischer Gemüseeintopf

100 g mageres Rindfleisch
100 g frische Möhren
100 g frische Kohlrabi
125 g frischer Spargel
125 g Kartoffeln
Salz, Petersilie und Suppenwürze.

Rindfleisch kochen, herausnehmen und in Würfel schneiden. In der Brühe das Gemüse und die Kartoffeln garen, die Rindfleischwürfel hinzugeben und abschmekken.

Gemüsesuppe

Möhren, Kohlrabi, Wachsbohnen, Sellerie, Blumenkohl vorbereiten, in 10 g Fett andünsten, mit Salz und etwas Wasser zum Kochen bringen, 100 g in Würfel geschnittene Kartoffeln hinzufügen, garkochen, mit Petersilie und Suppenwürze abschmecken.

Obstsuppe mit Grießwürfeln

$^1/_4$ l Milch
5 g Butter
10 g Zucker, etwas Salz
75 g Grieß
1 Ei

Die Zutaten zum Kochen bringen, Grieß einstreuen und ausquellen lassen, Ei unterrühren. Den Brei in eine Schüssel geben, erkalten lassen, in Würfel schneiden und mit Obstsuppe servieren.

Bechamelkartoffeln

250 g gekochte Kartoffeln in Scheiben schneiden. Aus 10 g Margarine, 10 g Mehl, etwas Brühe und Milch eine Soße bereiten, mit Salz abschmecken. Einen Eßlöffel süßen Rahm und die Kartoffeln in die Soße geben.

Gefüllte Tomaten

3 Tomaten
Fleischhackteig (s. Rezept Königsberger Klopse)
$^1/_4$ l Tomatensoße

Mit einem scharfen Messer von den Tomaten den Dekkel abschneiden und das Innere aushöhlen. Die Füllung hineingeben und den Deckel auflegen, in der Tomatensoße dünsten.

Wurstsalat

100 g Mortadella
1 Apfel
1 Tomate
5 g Öl
Weinessig, Zucker, Salz
Petersilie

Alle Zutaten in feine Streifen schneiden und als Salat anrichten.

Verlorene Eier

Eine holländische Soße bereiten. Zwei aufgeschlagene Eier einzeln in die kochende Soße gleiten lassen. Mit Kartoffeln reichen. Die Eier müssen noch weich sein.

Fischgerichte

Fischfrikassee

200 g Seelachs oder Schellfisch
Suppengemüse
Salz, Zitronensaft
15 g Fett, Mehl

Den gesäuberten Fisch mit dem Suppengemüse garziehen lassen, in Stücke teilen. Eine helle Soße bereiten, mit Salz und Zucker und Zitronensaft abschmecken; die Fischstücke und das in Scheiben geschnittene Suppengemüse hineingeben und durchziehen lassen.

Fischröllchen in Aspik

150 g Schellfisch oder Seelachs
Suppengrün, Lorbeerblatt, Gewürzkorn
Salz, Weinessig
1 Tomate
2 Blatt weiße Gelatine

Zubereitung siehe Kalbfleischsülze.

Fischroulade

300 g Seelachsfilet
etwas Weißbrot, 1/2 Ei
Salz und gehackte Petersilie

Aus dem Seelachs eine ca. 1 cm dicke Filetscheibe schneiden. Den restlichen Fisch hacken, mit Weißbrot, Ei, Petersilie und Salz vermischen. Den Fischhackteig auf das Filetstück streichen, zusammenrollen und in Tomatensoße dünsten.

Schlei

250 g Schlei
10 g Fett
Mehl, Salz, Zitronensaft
Suppengrün, gehackte Petersilie

Den Fisch säubern, salzen, säuern; Wasser, Salz und Suppengrün zum Kochen bringen; den Fisch hineinlegen, garziehen lassen. Aus dem Kochwasser eine helle Soße bereiten, die gehackte Petersilie dazufügen, abschmecken und zu dem Fisch reichen.

Fleischgerichte

Gefüllte Gurke

1 Gurke schälen und aushöhlen, mit Fleischteig (siehe Königsberger Klops) füllen, mit Rouladennadeln zusammenhalten und gardünsten.

Gefüllte Taube

Eine Taube säubern, Leber, Herz und Magen fein hakken und mit eingeweichtem Weißbrot, Ei, Salz und gehackter Petersilie vermengen. Mit dieser Masse die Taube füllen und salzen. Mit 10 g Butter und etwas Brühe dünsten.

Herz-Zungen-Frikassee

75 g Herz ohne Fett
75 g Zunge, 10 g Fett
1 Möhre, 100 g Spargel oder Blumenkohl
Suppengemüse
1 Eigelb, Mehl, Zitronensaft, Zucker, Salz

Das Fleisch mit Salz und Suppengemüse garkochen. Aus dem Kochwasser eine Frikasseesoße bereiten, das in Würfel geschnittene Fleisch und das Gemüse hineinmischen und abschmecken.

Gulasch

75 g Rindfleisch
75 g Kalbfleisch
Tomaten
Mehl, Salz
10 g Fett

Man gibt in das zerlassene Fett das in Würfel geschnittene Fleisch und dünstet es goldgelb, fügt die Tomaten, Salz und Brühe hinzu und läßt es im geschlossenen Topf garwerden. Man gibt in die Soße das angerührte Mehl und läßt kurz aufwallen.

Hackfleischsoße

150 g Kalbshackfleisch
1 gekochte Möhre in Scheiben
2 abgezogene Tomaten in $^1/_8$ geschnitten
10 g Mehl
10 g Margarine
Salz, Brühe
Fleischextrakt

Das Hackfleisch im Fett andünsten, Mehl überstäuben, mit Brühe aufgießen, garkochen. Abschmecken und das Gemüse hineingeben.

Kalbfleischsülze

125 g Kalbfleisch mit Suppengrün und Salz kochen. Das Fleisch in kleine Würfel schneiden, in eine ausgespülte Form legen. 100 g Brühe mit Zitronensaft abschmecken, 1 Blatt weiße Gelatine darin auflösen und die Flüssigkeit über das Fleisch gießen.

Kalbsfrikassee

150 g Kalbfleisch
10 g Butter
10 g Mehl, Salz, Zitrone
150 g Spargel
etwas Suppengrün

Kalbfleisch mit Suppengrün kochen. Aus der Brühe mit dem Mehl und der Butter eine Soße bereiten, mit Salz und Zitrone abschmecken. Das in Würfel geschnittene Fleisch und den Spargel in die Soße geben und durchziehen lassen.

Kalbsroulade

125 g Kalbsschnitzel
50 g Schabefleisch
10 g Butter
$^1/_2$ Teelöffel Tomatenmark
Salz, Mehl, etwas Brühe

Das Schnitzel klopfen, salzen, mit Tomatenmark bestreichen, mit Schabefleisch füllen und zusammenrollen, im zerlassenen Fett dünsten, Brühe angießen und garen. Fond mit Mehl binden und abschmecken.

Königsberger Klops

100 g Kalbsgehacktes
1 Ei
1/2 Brötchen (eingeweicht)
10 g Fett
Mehl
Zitrone, Salz

Aus der Masse einen Fleischteig bereiten, 2 Klopse formen, in kochendem Wasser garziehen lassen. Eine helle Soße bereiten, mit Salz und Zitronensaft abschmecken, evtl. etwas Sahne hinzugeben. Die Klopse in der Soße servieren.

Lebergulasch

125 g Rindsleber
10 g Butter
10 g Mehl
etwas Brühe
Salz
1 Eßlöffel saurer Rahm

Leber häuten, in Würfel schneiden, in Fett andünsten, mit Mehl bestäuben, Brühe angießen. Nach dem Garen Salz und sauren Rahm dazugeben.

Leberklöße

80 g Kalbsgehacktes
50 g durchgedrehte Leber
1 Ei
$^1/_2$ Brötchen
Salz, Majoran
etwas Semmelmehl

Alle Zutaten zu einem Teig verarbeiten; Klößchen abstechen, in Salzwasser garkochen. In einer Majoransoße servieren.

Putenrollbraten

125 g Fleisch
15 g Fett
1 Tomate
1 Möhre
Salz und Fondor

In das zerlassene Fett das Fleisch geben und andünsten, die übrigen Zutaten und ein wenig Brühe hinzufügen und gar werden lassen. Die Soße binden und abschmekken.

Sauerbraten

150 g mageres Rindfleisch
½ l Buttermilch
1 Eßlöffel Weinessig
2 Gewürzkörner
Lorbeerblatt

Das Rindfleisch zwei bis drei Tage in die Marinade legen. Herausnehmen, abtrocknen, in 10 g Butter andünsten, etwas Tomatenmark und Salz hinzufügen, mit Brühe auffüllen und gardünsten.

Schwarzwurzelgemüse mit Fleischbällchen

250 g Schwarzwurzeln (Konserve)
1 Rezept Fleischteig (siehe Königsberger Klops)
10 g Mehl
15 g Fett
Milch
Brühe, Salz

Eine helle Soße bereiten, das Schwarzwurzelgemüse hineingeben. Aus dem Fleischteig kleine Klößchen abstecken, in Salzwasser garziehen lassen, zum Schwarzwurzelgemüse hinzugeben.

Gemüse und Salate

Apfel-Möhren-Rohkost

125 g Möhren
125 g Äpfel

Möhren und Äpfel raspeln, mit Zucker und Zitronensaft mischen und abschmecken.

Chicoréesalat mit Obst

1 Chicoréestange
1 Apfelsine
1 Apfel
1 Joghurt
Zitronensaft und etwas Zucker

Chicorée, Apfelsine und Apfel in Streifen schneiden, mit Joghurt, Zitronensaft und Zucker abschmecken.

Gefüllte Gurke siehe Seite 70

Gemüsesalat

50 g Möhren
50 g zarte grüne Bohnen
50 g Spargel
50 g gekochten Sellerie
5 g Öl, Weinessig
Salz, gehackte Petersilie
1 Teelöffel Zucker

Aus Öl, Weinessig, Salz und Zucker eine Salatsoße bereiten, über das gekochte, in Stücke geschnittene Gemüse geben und abschmecken.

Grüner Salat

Salatkopf putzen und waschen, gut abtropfen lassen.

Salatsoße: Buttermilch, Zitronensaft, Zucker
1 Teelöffel frischgehackte Petersilie, Dill

Gurkengemüse

250 g Gurken
2 kleine Tomaten
10 g Butter oder Margarine, etwas Brühe
Salz, etwas Zitronensaft, 10 g Mehl
gehackte Petersilie und Dill

Gurke schälen, entkernen, in Stücke schneiden, in Fett und Brühe dünsten. Mit Mehl binden, die abgezogenen Tomaten hinzufügen und mit den übrigen Zutaten abschmecken.

Nudelsalat mit Kalbfleisch

50 g Zöpfli
75 g gekochtes Kalbfleisch
einige gekochte Blumenkohlröschen
1/8 l Kalbsbrühe
5 g Öl
Weinessig, Zucker, Salz
Petersilie

Aus Brühe, Öl und Essig eine Salatsoße bereiten, das in Streifen geschnittene Kalbfleisch, die gekochten Zöpfli und Blumenkohlröschen hineingeben und abschmecken.

Reis-Obst-Salat

25 g Reis kochen, auf ein Sieb schütten, mit kaltem Wasser übergießen
1 kleine Dose Mandarinen
1 Banane (in Scheiben)
Zucker und Zitrone

Alle Zutaten mischen, durchziehen lassen und abschmekken.

Rohkostsalat

5 Salatblätter
1 gehäutete in Scheiben geschnittene Tomate
1 grob geraspelter Apfel, mit Zucker und Zitronensaft gemischt

Salatsoße: Buttermilch, Zitronensaft, Zucker, Petersilie. Alles auf einer Platte anrichten.

Rote-Beete-Salat

1 mittlere Knolle, ca. 200 g
1 Apfel
Zitronensaft
etwas Zucker
5 g Öl
eine Prise Salz

Rote Beete kochen und abschälen. Apfel und rote Beete grob raspeln und mit den übrigen Zutaten abschmecken.

Schwarzwurzelgemüse mit Fleischbällchen siehe Seite 75

Spaghettisalat

25 g Spaghetti
1 Möhre in Würfel geschnitten, gedünstet
1 kleiner Apfel in Würfel geschnitten
20 g Mortadella in Würfel geschnitten

Für die Soße: 20 g sauren Rahm, Salz, Zucker, Weinessig, Petersilie

Spaghetti in Stücke brechen, kochen, auf ein Sieb schütten, mit kaltem Wasser überbrausen, abtropfen lassen. Alles mischen und mit der abgeschmeckten Salatsoße übergießen.

Süßspeisen und Getränke

Äpfel in Fruchtgelee

1 Apfel schälen, Kerngehäuse ausstechen, in etwas Zukkerwasser fast garkochen lassen. Den Apfel in eine Glasschale setzen, 150 g Apfelwasser mit etwas Zitronensaft und Vanillezucker abschmecken, 1 1/2 Blatt rote Gelatine auflösen und dazugeben. Die Flüssigkeit über den Apfel gießen und festwerden lassen.
Beigabe: Milch oder Vanillesoße.

Apfeltee

1 Beutel Apfeltee mit kochendem Wasser übergießen, ziehen lassen. Mit Zucker, Zitrone, Apfel- oder Fruchtsaft abschmecken.

Bananenspeise

1 Banane
50 g Milch
Zucker, Zitronensaft
1 Blatt weiße Gelatine
1 Eischnee

Die passierte Banane mit Zucker schaumig rühren, Milch, Zitronensaft und aufgelöste Gelatine dazugeben. Die Masse halbfestwerden lassen. Eischnee unterziehen.

Buttermilchgelee

$1/4$ l Buttermilch
2 Blatt Gelatine (rot), 2 Blatt Gelatine (weiß)
Zucker, Zitronensaft

Falsches Spiegelei

$1/4$ l Milch
Zucker, 20 g Mondamin
1 Eischnee

Aus den Zutaten einen Flammeri bereiten, in ein Glasschälchen geben, $1/2$ Pfirsich daraufsetzen und 1 Eßlöffel Pfirsichsaft darübergießen.

Früchtequark

100 g Quark
Zucker, Milch
Früchte nach Wahl: Erdbeeren, Bananen, Apfelsinen oder geraspelte Äpfel
Konserven: Pfirsiche, Mandarinen, Birnen, Ananas, Himbeeren.

Fruchtsuppe mit Grießklößchen

200 g Milch
75 g Grieß
etwas Salz und Zucker
1 Ei

Milch, Salz und Zucker zum Kochen bringen, den Grieß hineinstreuen, zum Kloß abbrennen. Die Masse in eine Schüssel geben, das Ei darunter rühren. 2 Klöße formen, in Salzwasser garziehen lassen. In Fruchtsuppe servieren.

Geleespeise mit Vanillesoße

250 g Fruchtsaft
3 Blatt Gelatine
Zucker, Zitronensaft
einige ganze Früchte

Eine Glasschale mit Früchten auslegen, den Fruchtsaft abschmecken, die aufgelöste Gelatine hineingeben, über die Früchte gießen, erstarren lassen und mit Vanillesoße reichen.

Melonensalat

1 Scheibe Melone, 1 Apfel in Würfel schneiden, mit Zitronensaft und Zucker abschmecken.

Obstsalat

1 kleiner Apfel
1 kleine Apfelsine
1 kleine Banane
Zucker und Zitronensaft

Obst in Scheiben schneiden, mit Zucker und Zitronensaft abschmecken.

Quarkcreme

100 g Quark
1 Ei
1 Eßlöffel Zucker
Zitronensaft
Milch nach Bedarf

Den Quark durch ein Sieb reichen, mit Zucker, Zitronensaft, Eigelb verrühren, Eiweiß zu Schnee schlagen und unterziehen.

Quark- oder Joghurtgelee

1 Becher Joghurt oder 2 Eßlöffel Quark
Milch, Zucker
Vanillezucker
Zitronensaft
2 Blatt Gelatine (weiß)

Rote Apfelmusspeise

100 g Apfelmus
1 Blatt weiße,
$1/2$ Blatt rote Gelatine
Zucker, Zitronensaft

Zucker, Zitronensaft, Apfelmus und die aufgelöste Gelatine verrühren, in einer Glasschüssel festwerden lassen.

Rote Grütze mit frischem Obst

150 g Fruchtsaft von Himbeeren, Kirschen, Johannes- oder Erdbeeren
100 g Wasser
Zucker nach Geschmack
etwas Zitronensaft
30 g Grieß

Wasser und Fruchtsaft zum Kochen bringen, Grieß dazugeben, ausquellen lassen, abschmecken, mit Milch oder Vanillesoße servieren.

Schokoladenbanane

$1/2$ Banane auf den Boden einer Glasschale legen, die Schokoladenspeise daraufgießen und festwerden lassen und mit Vanillesoße übergießen.

Vanilleapfel

1 Apfel vorbereiten und kochen (siehe oben), in eine Glasschale setzen, mit roter Konfitüre füllen und mit Vanillesoße übergießen.

Vanille-Apfel-Speise

1/4 l Milch
20 g Vanillesoßenpulver
1 Eigelb, 1 Eischnee
Zucker, 1 Apfel schälen, in 4 Stücke schneiden, in wenig Zucker-Zitronenwasser gar kochen.

Einen Flammeri bereiten und in ein Glasschälchen füllen. Die Apfelstücke daraufsetzen, mit Apfelwasser übergießen, mit etwas roter Marmelade verzieren.

Zitronencreme

1 Eigelb
1 Eßlöffel Zucker
Zitronensaft
1 Eßlöffel Wasser
1 Blatt weiße Gelatine
1 Eischnee

Eischnee unter die schaumig geschlagene, gelierende Masse ziehen.

Kuchen und Gebäck

Apfelauflauf

2 Äpfel
1 Ei
40 g Zucker
40 g Mehl
1 Teelöffel Zitronensaft
1 Messerspitze Backpulver

Ei und Zucker schaumig schlagen, Mehl und Backpulver unterziehen. Den Teig mit den in Scheiben geschnittenen Äpfeln in eine Auflaufform füllen und überbacken.

Apfelkuchen

60 g Butter
100 g Zucker
2 Eier, etwas Zitronensaft
ca. 75 g Milch
125 g Mehl
1 Messerspitze Backpulver
400 g Äpfel

Aus den angegebenen Zutaten einen Rührteig bereiten, in eine Springform füllen. Die Äpfel schälen, teilen, einkerben und kranzförmig auf den Teig setzen und abbacken.

Buttermilchplätzchen

250 g Mehl
3 g Backpulver
100 g Zucker
1 Päckchen Vanillezucker
70 g Butter
1 Ei
etwas Buttermilch

Aus den Zutaten einen Knetteig bereiten, Plätzchen ausstechen, mit Ei bestreichen und mit Zucker bestreuen, abbacken.

Gebäck

100 g Butter
100 g Zucker
1 Päckchen Vanillezucker
1 Ei, etwas Milch
250 g Mehl
1/2 Päckchen Backpulver

Knetteig bereiten, Plätzchen ausstechen und abbacken.

Obstkuchen

2 Eigelb
2 Eßlöffel Wasser
50 g Zucker
mit etwas Zitronensaft schaumig schlagen
2 Eischnee und 25 g Zucker zu Schnee schlagen
50 g Weizenmehl
50 g Mondamin
1 Teelöffel Backpulver

Unter die schaumig geschlagene Masse Eischnee, Mehl, Mondamin und Backpulver unterziehen, 20 Minuten bei mittlerer Hitze backen. Nach dem Erkalten mit Obst belegen.

Quarkauflauf

10 g Butter
30 g Zucker
1 Ei
einige Tropfen Zitronensaft
125 g Quark
40 g Grieß
1 Päckchen Vanillezucker
evtl. etwas Milch
1 Messerspitze Backpulver
125 g Äpfel in Scheiben

Butter, Zucker und Ei schaumig rühren, die übrigen Zutaten hinzufügen. Den fertigen Teig mit den Äpfeln in eine Auflaufform schichten und überbacken.

Sandkuchen

100 g Butter
2 Eier
125 g Zucker
250 g Mehl und etwas Milch
Vanillezucker, 1/2 Päckchen Backpulver

Rührteig bereiten und in einer Kastenform backen.

Auf den folgenden Seiten finden Sie Hinweise auf Kochbücher ganz besonderer Art aus der Reihe Goldmanns GELBE Taschenbücher. Die genannten Preise entsprechen dem Stand vom Herbst 1971 und können sich nach wirtschaftlichen Notwendigkeiten ändern.

Goldmanns GELBE Taschenbücher

Moderne Diät zur Vorbeugung gegen Herzinfarkt. Von Prof. Dr. med. Siegfried Heyden und Silvia Heyden-Stucky. Band 1981. DM 3.–

Nur wenige wissen, daß häufig schon vernünftiges Essen vor dem so gefürchteten Herzinfarkt, der Angina pectoris, der Arteriosklerose und dem plötzlichen Herztod bewahren kann. Die Verfasser geben grundsätzliche Diätvorschriften sowie 30 Alltags- und Festtagsrezepte für Herzpatienten und alle, die es nicht werden wollen.

Gesund und leistungsfähig durch richtige Ernährung. Von Albert von Haller und Dr. Priv.-Doz. med. Boris Luban-Plozza. Band 2453. DM 3.–

Diese Hinweise für die täglichen Mahlzeiten sollte jede Hausfrau befolgen: Sie handeln von den häufigsten Ernährungsfehlern, der Kunst, richtig zu kochen, der Aufbewahrung von Nahrungsmitteln und enthalten wertvolle Tips für den täglichen Speisezettel sowie den Wochenplan für die Küche.

Richtige Ernährung für Kinder vom Neugeborenen bis zum Schulkind. Von Dr. med. Ernst Wentzler und Priv.-Doz. Dr. med. Hanns Löhr. Band 2388. DM 3.–
Für die vielen Fragen, die an die Mütter bei der Auswahl, Zubereitung und Darreichung der Kost für ihre Kinder herantreten, ist dieser Band mit seinen zahlreichen praktischen Ratschlägen ein wirklich wertvoller Wegweiser, der nicht oft genug zur Hand genommen werden kann.

WILHELM GOLDMANN VERLAG MÜNCHEN

Goldmanns GELBE Taschenbücher

Das große Taschenbuch vom Kochen. 920 Rezepte für alle, die mit Lust und Liebe kochen. Von Ludwig Schmidseder. Band 1477/1478. DM 5.–

Der bekannte Rundfunk- und Fernsehkoch hat im Laufe seiner Reisen um die Welt so ausgezeichnete Schiffsküchen und kulinarische Spezialitäten aus allen Ländern kennengelernt, daß er sie niemandem vorenthalten möchte. Neben vielen unbekannten ausländischen Gerichten bringt er auch beliebte deutsche Hausmannsrezepte.

Kochsalzarme Kost. Mit 5 Abbildungen und 4 Tabellen. Von Doz. Dr. Hans-Jürgen Holtmeier. Band 1599. DM 3.–

Dieser Band enthält alles Wichtige über kochsalzarme und natriumarme Diät mit 63 Kostvorschlägen, auch für Magen-, Darm-, Leber-, Galle- und Nierenkranke, und Tabellen über den Kalorien- und Nährwertbedarf.

Hans Leicht: Das Camping-Kochbuch. 300 Rezepte und viele praktische Küchentips für Camping, Wohnwagen und Wochenendhaus. Band 1845. DM 3.–

Phantasievolle Rezepte von einfacher Hausmannskost bis zu raffinierten fremdländischen Spezialitäten, Ratschläge für die Küchenausrüstung und das Einkaufen im Ausland sowie ein dreiwöchiger Magenfahrplan machen das Camping-Leben erst zu einem richtigen Vergnügen.

WILHELM GOLDMANN VERLAG MÜNCHEN

Goldmanns GELBE Taschenbücher

Dein Blutdruck. Die Bedeutung des erhöhten Blutdrucks für den gesunden und kranken Menschen. Von Dr. med. M. Strauß. Band 1846. DM 3.–

Wie man sich bei erhöhtem Blutdruck verhalten und warum man sich so verhalten soll, zeigt dieses Buch. Es vermittelt allen, die an einer Blutdruckkrankheit oder -störung leiden, die Voraussetzungen für eine angemessene gesunde Lebensweise.

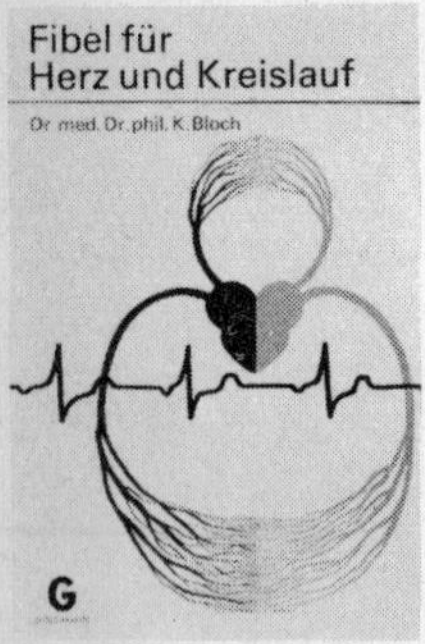

Fibel für Herz und Kreislauf. Von Dr. med. Dr. phil. K. Bloch. Band 1583. DM 3.–

Die Funktion des Herzens, Blutdruck, Durchblutungsstörungen, Erkrankung der Herzkranzgefäße, Klappenfehler und Herzschwäche werden ebenso besprochen wie Lebensweise und Diätetik. Die Fülle von beherzigenswerten Ratschlägen helfen allzuhäufige Fehler, die Gesunde und Kranke machen, zu verhindern.

Moderne Diät zur Vorbeugung gegen Herzinfarkt. Von Prof. Dr. med. Siegfried Heyden und Silvia Heyden-Stucky. Band 1981. DM 3.–

Nur wenige wissen, daß häufig schon vernünftiges Essen vor dem so gefürchteten Herzinfarkt, der Angina pectoris, der Arteriosklerose und dem plötzlichen Herztod bewahren kann. Die Verfasser geben grundsätzliche Diätvorschriften sowie 30 Alltags- und Festtagsrezepte für Herzpatienten und alle, die es nicht werden wollen.

WILHELM GOLDMANN VERLAG MÜNCHEN

Verehrter Leser,
senden Sie bitte diese Karte ausgefüllt an den Verlag. Sie erhalten kostenlos unsere Verlagsverzeichnisse zugestellt.
WILHELM GOLDMANN VERLAG 8 MÜNCHEN 80

Bitte hier abschneiden

Diese Karte entnahm ich dem Buch

Kritik + Anregungen

Ich wünsche die kostenlose und unverbindliche Zusendung des Verlagskataloges und laufende Unterrichtung über die Neuerscheinungen des Wilhelm Goldmann Verlages.

Name

Beruf Ort

Straße

Ich empfehle, den Katalog auch an die nachstehende Adresse zu senden:

Name

Beruf Ort

Straße

Goldmann-Bücher erhalten Sie in allen Buchhandlungen, in vielen Kaufhäusern und an den meisten Bahnhofskiosken überall in der Welt, wo deutsche Bücher verkauft werden.

Aus dem WILHELM GOLDMANN VERLAG
8 München 80, Postfach 80 07 09 bestelle ich
durch die Buchhandlung

Anzahl	Titel bzw. Band-Nr.	Preis

Datum: Unterschrift:

2892 · 7017 · 3.000

Bitte mit Postkarten-Porto frankieren.

Wilhelm Goldmann Verlag

8000 MÜNCHEN 80

Postfach 80 07 09